Chers lecteurs,

Bienvenue dans ce merveilleux livre consacré à l'Archange Barachiel, l'ange de la richesse et de la bénédiction divine.

Depuis des siècles, l'Archange Barachiel est connu comme un messager divin qui apporte la prospérité et l'abondance à ceux qui invoquent son nom. Il est également considéré comme un gardien protecteur des foyers et des familles, veillant à ce que les besoins de ses protégés soient satisfaits.

Dans ce livre, nous vous offrons des prières puissantes et une litanie pour vous connecter à l'Archange Barachiel et invoquer sa grâce et sa bénédiction. Nous vous proposons également des visualisations pour renforcer votre connexion à cet archange bienveillant et attirer sa richesse divine dans votre vie.

Préparez-vous à vous immerger dans le monde merveilleux de l'Archange Barachiel et à découvrir comment sa puissance peut changer votre vie pour toujours.

Comment l'utiliser ?

Lire la litanie le matin

Lire la prière du jour le matin

Faire une séance de visualisation de ton choix le soir à n'importe quelle heure

LITANIE

Archange Barachiel, qui êtes le protecteur des opportunités,

Priez pour nous.

Archange Barachiel, qui êtes le guide vers la réussite,

Priez pour nous.

Archange Barachiel, qui êtes le donneur de la chance,

Priez pour nous.

Archange Barachiel, qui êtes le protecteur des entreprises,

Priez pour nous.

Archange Barachiel, qui êtes le protecteur des investissements,

Priez pour nous.

Archange Barachiel, qui êtes le protecteur des projets,

Priez pour nous.

Archange Barachiel, qui êtes le protecteur des voyageurs,

Priez pour nous.

Archange Barachiel, qui êtes le protecteur des étudiants,

Priez pour nous.

Archange Barachiel, qui êtes le protecteur des artistes,

Priez pour nous.

Archange Barachiel, qui êtes le protecteur de tous les besoins,

Priez pour nous.

Archange Barachiel, qui êtes le protecteur de tous les désirs,

Priez pour nous.

Archange Barachiel, qui êtes le protecteur de tous les espoirs,

Priez pour nous.

JOUR 1

Ô Archange Barachiel,

ange de la chance, de la prospérité et de la richesse,

écoute ma prière,

je t'implore de tout mon être.

Tu es le gardien des cieux,

le protecteur des âmes,

le porteur de la lumière divine,

l'ange de la providence.

Aide-moi à voir les occasions cachées,

guides-moi sur le chemin de la réussite,

donne-moi la force de saisir les opportunités,

et la sagesse pour les utiliser à bon escient.

Que ta présence soit mon guide,

que ta lumière éclaire mon chemin,

que ta grâce bénisse mes entreprises,

et que ta bénédiction attire l'abondance à moi.

Que la chance, la prospérité et la richesse me suivent partout où je vais,

et que je sois toujours reconnaissant pour tes bénédictions.

Ainsi soit-il.

JOUR 2 :

Archange Barachiel, ange de la chance,
De ta main généreuse, viens nous bénir.
Fais que les vents favorables nous mènent,
Et que notre vie soit remplie d'abondance.

Que ta lumière éclaire nos pas,
Et que toutes nos entreprises réussissent.
Que nos coeurs soient remplis de joie,
Et que notre avenir soit radieux.

Que ta présence divine nous protège,
Et que nos peines soient apaisées.
Que ta grâce nous accompagne,
Et que nous soyons bénis en toutes choses.

Archange Barachiel, ange de la prospérité,

De ta main divine, viens nous combler.

Fais que notre vie soit remplie de richesses,

Et que notre bonheur soit sans fin.

Que ta lumière éclaire nos jours,

Et que notre avenir soit prospère.

Que ta présence divine nous guide,

Et que notre vie soit remplie de succès.

Archange Barachiel, ange de la richesse,

De ta main bénéfique, viens nous enrichir.

Fais que notre vie soit remplie de fortune,

Et que notre coeur soit rempli de gratitude.

Que ta lumière éclaire nos pas,

Et que notre avenir soit florissant.

Que ta présence divine nous accompagne,

Et que notre vie soit remplie de prospérité.

Archange Barachiel, nous te prions,

De nous bénir avec ta grâce divine,

Et de nous guider sur le chemin de la chance,

De la prospérité et de la richesse. Amen.

JOUR 3 :

Ô Barachiel, Archange de la chance,

De la prospérité et de la richesse,

Je te supplie de continuer à veiller sur moi,

Et de me protéger des forces du mal.

Que ta sagesse éclaire mon esprit,

Et que ta bénédiction accompagne toutes mes décisions.

Que ta protection me permette de réaliser mes rêves,

Et de vivre dans l'abondance et la prospérité.

Que ta lumière divine me montre le chemin,

Et que ta grâce me permette de récolter les fruits de mon travail.

Je te remercie, ô Barachiel,

Pour toutes les bénédictions que tu m'apportes.
Amen.

JOUR 4 :

Barachiel, ô Archange de la chance, de la prospérité et de la richesse,

Vous qui répandez la bonne fortune sur les hommes,

Vous qui faites germer la richesse dans les champs,

Vous qui ouvrez les portes de l'abondance,

Ecoutez ma prière,

Entendez mon appel,

Exaucez mes vœux,

Et faites que ma vie soit remplie de prospérité et de richesse,

Qu'elle soit bénie par Votre main divine.

Barachiel, je Vous implore,

Faites que mon travail soit fructueux,

Que mes entreprises soient couronnées de succès,

Et que tout ce que j'entreprends soit bénit par Votre présence.

Barachiel, je Vous en supplie,

Accordez-moi la chance,

Ouvrez-moi les voies de la réussite,

Et faites que je sois toujours protégé par Votre main bienveillante.

Barachiel, ô Archange de la chance, de la prospérité et de la richesse,

Je Vous remercie pour toutes les bénédictions que Vous m'accordez,

Et je Vous promets de toujours Vous remercier pour les bienfaits que Vous m'accorderez encore. Amen.

Jour 5

Ô Archange Barachiel, toi qui es le gardien des biens matériels et spirituels,

Aide-moi à trouver la chance, la prospérité et la richesse.

Fais que ma vie soit bénie par ta présence bénéfique,

Et que mes efforts soient couronnés de succès.

Donne-moi la sagesse pour gérer les dons que tu m'accorderas,

Et la gratitude pour tout ce que tu m'offriras.

Que je puisse être un témoin de ta générosité envers moi,

Et que je puisse en faire profiter les autres.

Protège-moi des tentations de l'orgueil et de l'avarice,

Et guide-moi sur le chemin de l'équilibre et de la générosité.

Que je puisse toujours te remercier pour ta bénédiction constante,

Et te glorifier pour toutes les bénédictions que tu m'accorderas. Amen.

Jour 6

Archange Barachiel, Ô toi qui es le gardien des trésors cachés,

Toi qui es le protecteur des richesses et des prospérités,

Nous t'implorons aujourd'hui de nous accorder ta grâce,

Ta bénédiction et ta protection.

Que ta main généreuse nous accompagne dans nos entreprises,

Et que ta sagesse nous guide vers les voies de la réussite.

Que ta lumière éclaire nos pas sur le chemin de la fortune,

Et que ta force nous soutienne dans les moments de doute.

Archange Barachiel, Ô toi qui es le gardien des talents,

Toi qui es le protecteur des talents et des aptitudes,

Nous t'implorons aujourd'hui de nous aider à découvrir,

Et à développer nos talents pour atteindre la réussite.

Que ta force nous soutienne dans les moments de défis,

Et que ta sagesse nous guide vers les voies de la réussite.

Que ta lumière éclaire nos pas sur le chemin de la réussite,

Et que ta grâce nous accompagne dans nos entreprises.

Archange Barachiel, Ô toi qui es le gardien des richesses,

Toi qui es le protecteur des richesses et des prospérités,

Nous t'implorons aujourd'hui de nous accorder ta grâce,

Ta bénédiction et ta protection.

Que ta main généreuse nous accompagne dans nos entreprises,

Et que ta sagesse nous guide vers les voies de la réussite.

Que ta lumière éclaire nos pas sur le chemin de la fortune,

Et que ta force nous soutienne dans les moments de doute. Amen.

Jour 7 :

Archange Barachiel, ô toi qui es le gardien de la chance,

De la prospérité et de la richesse,

Viens à moi, ô puissant protecteur,

Et apporte-moi ta bénédiction divine.

Que ta main généreuse s'étende sur moi,

Et que ta grâce illuminée m'enveloppe,

Afin que je puisse connaître la réussite,

Et que mes efforts soient couronnés de succès.

Que ta lumière divine me guide,

Et que ta force me donne le courage,

Pour surmonter les obstacles et les difficultés,

Et pour atteindre les sommets de la réussite.

Que ta bénédiction divine m'aide à attirer,

La richesse et la prospérité dans ma vie,

Et à les utiliser de manière juste et équitable,

Afin de bénir les autres autour de moi.

Archange Barachiel, je te remercie,

Pour tout ce que tu fais pour moi,

Et je te promets de continuer à te vénérer,

Et à te prier chaque jour de ma vie. Amen.

Jour 8 :

Archange Barachiel, étoile brillante de la chance,

Vous qui répandez la prospérité et la richesse,

Venez à moi, votre humble serviteur,

Et exaucez ma prière.

Que votre lumière éclaire mon chemin,

Et que votre main bénisse mes entreprises.

Que votre grâce me guide vers la réussite,

Et que votre soutien me protège des obstacles.

Que votre protection me garde des envieux,

Et que votre bonté m'accorde la récompense de mes efforts.

Archange Barachiel, je vous implore de me donner la chance,

De me montrer la voie de la prospérité et de la richesse,

Et de me donner la force de la saisir.

Ainsi soit-il.

Jour 9

Oh Archange Barachiel,

Toi qui es le gardien des richesses,

De la chance et de la prospérité,

Entends ma prière humble et sincère.

Aide-moi à trouver la voie de la réussite,

Et à saisir les opportunités qui se présentent à moi.

Guide-moi dans mes efforts pour atteindre mes aspirations,

Et pour réaliser mes rêves les plus chers.

Donne-moi la sagesse pour gérer mes biens,

Et pour utiliser mes talents à bon escient.

Protège-moi des tentations et des pièges,

Et garde-moi sur le chemin de la droiture.

Aide-moi à être généreux envers les autres,

Et à partager mes dons avec ceux qui en ont besoin.

Et quand viendra le moment de mon passage,

Accueille-moi dans les cieux avec les anges.

Ainsi soit-il.

VISUALISATION

JOUR 1 :

Trouvez un endroit calme où vous pourrez vous asseoir confortablement et être seul.

Fermez les yeux et respirez profondément. Imaginez que chaque inspiration que vous prenez nettoie votre esprit et votre corps de toute tension ou stress.

Visualisez maintenant un rayon de lumière blanche entrant par le sommet de votre tête et se déplaçant lentement vers le bas à travers votre corps, illuminant chaque cellule et chaque organe, et purifiant toutes les énergies négatives.

Maintenant, imaginez que vous vous tenez devant un grand portail en or, et que l'Archange Barachiel se tient devant vous, vous saluant chaleureusement.

Dites à l'Archange Barachiel que vous souhaitez recevoir sa guidance et sa protection pour attirer la chance, la prospérité et la richesse dans votre vie.

Imaginez maintenant que l'Archange Barachiel vous tend la main et vous invite à entrer dans le portail en or. Vous traversez le portail et vous vous retrouvez dans un magnifique jardin rempli de fleurs et d'arbres fruitiers.

L'Archange Barachiel vous dit de vous asseoir sous un arbre et de vous détendre. Il vous dit que vous pouvez demander tout ce que vous voulez pour attirer la chance, la prospérité et la richesse dans votre vie.

Prenez quelques minutes pour formuler clairement ce que vous voulez attirer dans votre vie. Imaginez que vous avez déjà ce que vous voulez, et ressentez la gratitude et la joie que cela vous apporte.

L'Archange Barachiel vous dit maintenant de vous lever et de marcher dans le jardin. Il vous montre des images de toutes les choses que vous avez demandées, et vous dit de les visualiser de manière détaillée dans votre vie.

Quand vous vous sentez prêt, remerciez l'Archange Barachiel pour son guidance et sa protection, et imaginez que vous retournez à travers le portail en or et que vous vous réveillez de votre méditation.

Prenez un moment pour écrire dans un journal ce que vous avez ressenti et vu dans votre visualisation.

JOUR 2

Trouvez un endroit calme où vous pourrez vous asseoir confortablement et être interrompu.

Fermez les yeux et respirez profondément. Imaginez que chaque inspiration que vous prenez nettoie votre corps et votre esprit de toutes les tensions et de tous les soucis.

Imaginez maintenant un rayon de lumière blanche brillante qui entre par votre front et se répand à travers tout votre corps. Laissez cette lumière vous envahir et vous remplir de paix et de sérénité.

Maintenant, imaginez que l'Archange Barachiel est debout devant vous. Il est vêtu de vêtements dorés et rayonnants de lumière. Il est grand et imposant, mais avec un visage doux et aimant.

Demandez-lui de vous aider à attirer la chance, la prospérité et la richesse dans votre vie. Demandez-lui de vous montrer comment vous pouvez attirer ces choses positives et de vous guider sur votre chemin.

Imaginez maintenant que Barachiel vous tend la main et vous invite à le suivre. Laissez-vous guider par lui dans une vision où vous êtes entouré de toutes les choses positives que vous souhaitez attirer dans votre vie. Imaginez que vous les ressentez, les touchez, les goûtez, les sentez.

Restez dans cette vision aussi longtemps que vous le souhaitez. Quand vous êtes prêt, remerciez Barachiel pour son aide et sa guidance.

Ouvrez les yeux en vous sentant rempli de confiance et d'espoir pour l'avenir.

JOUR 3

Etape 1:

Trouvez un endroit calme où vous pourrez vous asseoir confortablement et être seul. Fermez les yeux et respirez profondément plusieurs fois pour vous détendre.

Etape 2:

Visualisez un rayon de lumière dorée qui entre par la partie supérieure de votre tête et descend le long de votre colonne vertébrale, en vous remplissant de chaleur et de bien-être.

Etape 3:

Invitez maintenant l'Archange Barachiel à se joindre à vous. Imaginez-le comme un être lumineux, vêtu d'une robe blanche, tenant un bâton doré dans sa main droite. Il se tient devant vous, souriant et vous accueillant.

Etape 4:

Demandez à Barachiel de vous aider à attirer plus de prospérité, de chance et de richesse dans votre vie. Imaginez-le vous tendant la main et vous transmettant son énergie positive pour que vous puissiez la ressentir dans tout votre corps.

Etape 5:

Passez quelques minutes à visualiser les choses positives qui pourraient arriver dans votre vie, comme un nouvel emploi, une promotion, un investissement rentable, etc. Imaginez-vous en train de les vivre et de les apprécier.

Etape 6:

Remerciez Barachiel pour son aide et sa présence. Imaginez-le vous saluant avant de disparaître. Ouvrez les yeux et prenez quelques minutes pour enregistrer vos impressions avant de continuer votre journée.

JOUR 4

Trouvez un endroit calme et confortable pour vous asseoir ou vous allonger. Fermez les yeux et prenez une grande respiration profonde.

Imaginez-vous dans un jardin luxuriant. Il y a des fleurs de toutes les couleurs, des arbres fruitiers, des fontaines et des ruisseaux. Vous vous sentez paisible et heureux.

Imaginez un arc-en-ciel brillant qui apparaît devant vous. Il est magnifique et coloré, et il vous attire vers lui. Vous vous approchez et vous entrez dans l'arc-en-ciel.

Vous êtes maintenant dans un espace lumineux et vous voyez devant vous l'Archange Barachiel, gardien de la chance, de la prospérité et de la richesse. Il est vêtu d'or et de lumière, et il sourit chaleureusement à votre égard.

Dites à l'Archange Barachiel que vous désirez sa bénédiction pour attirer la chance, la prospérité et la richesse dans votre vie. Demandez-lui de vous guider et de vous protéger dans vos entreprises.

Imaginez que l'Archange Barachiel vous tend la main et vous offre une pluie d'or. Vous sentez la chaleur et la lumière de l'or qui vous envahit et qui vous remplit de confiance et de détermination.

Imaginez que vous avez maintenant tout ce dont vous avez besoin pour réussir dans vos projets et dans vos aspirations. Vous êtes rempli de gratitude et de joie.

Remerciez l'Archange Barachiel pour son aide et sa bénédiction. Dites-lui que vous lui faites confiance pour continuer à vous guider et à vous protéger.

Ouvrez les yeux et prenez une grande respiration profonde. Gardez les sentiments de paix, de confiance et de gratitude que vous avez ressentis pendant la visualisation.

JOUR 5

Trouvez un endroit calme et confortable pour vous asseoir ou vous allonger. Fermez les yeux et prenez une profonde respiration.

Imaginez une lumière dorée qui entoure votre corps. Cette lumière est remplie d'énergie positive et de bénédiction.

Imaginez maintenant l'Archange Barachiel devant vous. Il est vêtu de blanc et rayonne de lumière. Il vous sourit avec bonté.

Dites à haute voix ou mentalement : "Archange Barachiel, je vous invite à entrer dans ma vie et à m'apporter la chance, la prospérité et la richesse."

Imaginez maintenant que l'Archange Barachiel vous tend la main et que vous la prenez. Vous vous sentez instantanément rempli d'énergie positive et de force.

Imaginez maintenant toutes les choses que vous souhaitez accomplir, les objectifs que vous souhaitez atteindre et les rêves que vous souhaitez réaliser. Imaginez que tout cela se réalise grâce à l'aide de l'Archange Barachiel.

Prenez une dernière respiration profonde et ouvrez les yeux. Revenez lentement à la réalité en vous rappelant que l'Archange Barachiel est toujours avec vous, prêt à vous aider à atteindre vos objectifs et à réaliser vos rêves.

JOUR 6

Trouvez un endroit calme et confortable où vous pourrez vous asseoir ou vous allonger.

Fermez les yeux et prenez une profonde respiration. Expirez lentement.

Visualisez l'Archange Barachiel devant vous, il est vêtu de blanc et il rayonne de lumière.

Imaginez-vous en train de tenir un sac rempli d'or, de pierres précieuses et de billets de banque.

Imaginez que Barachiel vous tend la main pour vous aider à ouvrir le sac.

Imaginez que vous prenez l'argent et que vous l'utilisez pour améliorer votre vie, pour aider les autres, pour réaliser vos rêves.

Imaginez que vous remerciez Barachiel pour son aide et sa guidance.

Ouvrez les yeux et prenez une profonde respiration. Expirez lentement.

Notez toutes les idées et les inspirations qui vous viennent à l'esprit après la visualisation.

JOUR 7

Trouvez un endroit calme et confortable où vous pourrez vous asseoir ou vous allonger en paix. Fermez les yeux et respirez profondément.

Imaginez une lumière blanche et brillante qui entoure votre corps, vous protégeant et vous apportant un sentiment de paix et de sécurité.

Invoquez maintenant l'Archange Barachiel, l'Archange de la chance, de la prospérité et de la richesse. Imaginez-le debout devant vous, vêtu de robes dorées et rayonnant de lumière.

Dites à haute voix ou mentalement : "Barachiel, je t'invoque pour m'apporter la chance, la prospérité et la richesse dans tous les aspects de ma vie. S'il vous plaît, aidez-moi à attirer toutes les bonnes choses que je désire et à éloigner tout ce qui pourrait m'empêcher de les atteindre."

Imaginez maintenant Barachiel en train de vous donner son bénédiction et de vous apporter tout ce que vous avez demandé. Imaginez la chance, la prospérité et la richesse entrant dans votre vie et remplissant tous les aspects de votre vie.

Restez dans cet état de visualisation pendant quelques minutes, en profitant de la sensation de paix et de gratitude que cela vous apporte.

Lorsque vous êtes prêt, ouvrez les yeux et notez toutes les idées, les sentiments et les ressentis qui vous sont venus à l'esprit pendant la visualisation.

JOUR 8

Trouvez un endroit calme où vous pourrez vous asseoir confortablement et vous détendre.

Fermez les yeux et prenez quelques respirations profondes pour vous calmer et vous recentrer.

Imaginez un rayon de lumière dorée qui descend du ciel et vous entoure. Cette lumière est remplie de la présence de l'Archange Barachiel.

Visualisez Barachiel debout devant vous, vêtu de robes dorées et rayonnant d'une lumière divine. Il sourit et tend la main vers vous.

Sentez-vous enveloppé dans sa présence bienveillante et rassurante. Imaginez qu'il vous enveloppe dans une bulle de lumière dorée qui vous protège et vous apaise.

Demandez à Barachiel de vous aider à attirer la chance, la prospérité et la richesse dans votre vie. Imaginez que vous recevez de lui des énergies positives qui vous aident à atteindre vos objectifs.

Respirez profondément et imaginez que ces énergies positives se diffusent dans tout votre corps, remplissant chaque cellule de lumière et de force.

Restez dans cet état de visualisation pendant quelques minutes, en ressentant la présence de Barachiel et en visualisant vos souhaits se réalisant.

Lorsque vous vous sentez prêt, ouvrez les yeux et prenez quelques respirations pour revenir à la réalité. Gardez en tête que Barachiel est toujours avec vous, vous aidant à attirer les bonnes choses dans votre vie.

JOUR 9 :

Trouvez un endroit calme où vous pourrez vous asseoir confortablement et être seul.

Fermez les yeux et respirez profondément.
Imaginez que chaque inspiration vous apporte de l'énergie pure et positive.

Visualisez l'Archange Barachiel devant vous. Imaginez-le comme un être lumineux, rayonnant d'énergie positive et de puissance.

Dites à haute voix : "Je demande à l'Archange Barachiel de m'aider à activer la puissance en moi."

Imaginez que Barachiel tend sa main vers vous et que de la lumière blanche pure sort de sa main et entre en vous. Laissez cette lumière vous envahir et vous remplir d'énergie positive.

Respirez profondément et sentez cette énergie se répandre dans tout votre corps. Imaginez que cette énergie vous donne de la force et de la confiance en vous.

Dites à haute voix : "Je remercie l'Archange Barachiel pour son aide et sa guidance."

Ouvrez les yeux et reprenez vos activités quotidiennes en gardant cette énergie positive en vous.

Litanie…… Page 4

Prière…… Page 8

Visualisation…… Page 29

Si vous avez aimé, écrivez-moi par mail sur

Ketodiet819@gmail.com

Printed by Amazon Italia Logistica S.r.l.
Torrazza Piemonte (TO), Italy

50347784R00030